Quellen der Freundschaft

Gedanken und Gedichte
von
Dostojewski
Epikur
Hölderlin
Karl Jaspers
Carl Zuckmayer
u.a.

Verlag Leobuchhandlung St.Gallen

Vier gute Dinge sind in
der Welt –
altes Holz, um Feuer zu
machen,
alter Wein, um ihn am
Feuer zu trinken,
alte Bücher, um darin
zu lesen,
und alte Freunde, um
ihnen zu vertrauen.

ALFONS VON KASTILIEN

Freundschaft:
Ihr Name ist so
verbraucht und im Gebrauch
erniedrigt, wie derjenige der
Liebe. Wo aber ein Zustand
ihn wirklich verdient, diesen
hohen Namen, da ist etwas
Wunderbares vorhanden:
gemeinsame, unausgesprochene
Ahnung, Übereinstimmung,
gleichgerichtetes Streben
oder bisweilen auch Uneinigkeit,
aber Uneinigkeit in Sympathie,
die sich alsbald, durch diese
Sympathie belebt, entwickelt
und zu einer höhern Form
des Einverständnisses gelangt.

CARL J. BURCKHARDT

Ich suchte dich und habe mich gefunden.

FRANZ GRILLPARZER

Ich halte es nicht für das
grösste Glück, einen
Menschen ganz enträtselt
zu haben. Ein grösseres
Glück ist es noch, bei dem,
den wir lieben, immer
neue Tiefen zu entdecken,
die uns immer mehr die
Unergründlichkeit seiner
Natur in ihrer ewigen
Tiefe offenbaren.

F. M. DOSTOJEWSKI

Ein wahrer
Freund trägt
mehr zu
unserem
Glück bei
als tausend
Feinde zu
unserem
Unglück.

M.v.EBNER-ESCHENBACH

Von allen Geschenken,
die uns eine weise
Voraussicht gewährt,
um das Leben völlig
beglückend zu gestalten,
ist Freundschaft
das schönste.

EPIKUR

Liebe ist das einzige, was wächst, wenn wir es verschwenden.

RICARDA HUCH

EBEN DARIN BESTEHT
JA DIE LIEBE, DASS SIE
UNS IN DER SCHWEBE
DES LEBENDIGEN HÄLT,
IN DER BEREITSCHAFT,
EINEM MENSCH ZU
FOLGEN IN ALLEN
SEINEN ENTFALTUNGEN.

MAX FRISCH

Es muss Herzen
geben, welche die
Tiefe unseres
Wesens kennen
und auf uns
schwören, selbst
wenn die ganze
Welt uns
verlässt.

KARL GUTZKOW

Grösser als alle Pyramiden,
als der Himalaja,
als alle Wälder und
Meere
ist das menschliche Herz –
es ist herrlicher als die
Sonne
und der Mond und alle
Sterne,
strahlender und blühender –
es ist unendlich in seiner
LIEBE.

HEINRICH HEINE

Wir sind sterblich, wo wir lieblos sind,
unsterblich, wo wir lieben.

KARL JASPERS

Ist nicht heilig mein Herz, schöneren Lebens voll,
Seit ich liebe? Warum achtet ihr mich mehr,
Da ich stolzer und wilder,
Wortereicher und leerer war?

Ach! der Menge gefällt, was auf dem Marktplatz taugt,
Und es ehret der Knecht nur den Gewaltsamen;
An das Göttliche glauben
Die allein, die es selber sind.

FRIEDRICH HÖLDERLIN

Nichts ist verloren für einen
Menschen, wenn er eine grosse
Liebe oder eine wahre
Freundschaft lebt, aber alles
ist verloren für den, der
allein ist.
Nur wer liebend aus dem
Kreis des Ichs heraustritt
zu einem Du, findet das Tor
zum Geheimnis des Seins.

GABRIEL MARCEL

Wenn wir rückblickend
auf die ſchönſten Tage
unſeres Lebens ſchauen,
immer waren es die
Stunden mit Freunden,
die uns beglückten.

NICO

Liebe ist das Band, das den Erdkreis verbindet.

HEINRICH PESTALOZZI

LIEBE IST SCHWER.
LIEBHABEN
VON MENSCH
ZU MENSCH, DAS IST
VIELLEICHT DAS
SCHWERSTE, WAS UNS
AUFGEGEBEN IST, DAS
ÄUSSERSTE, DIE LETZTE
PROBE UND PRÜFUNG,
DIE ARBEIT, FÜR DIE ALLE
ANDERE ARBEIT NUR
VORBEREITUNG IST.

RAINER MARIA RILKE

Im selben Mass du willst
empfangen, musst du
geben,
willst du ein ganzes Herz,
so gib ein ganzes Leben.

FRIEDRICH RÜCKERT

Vielen teile deine
Freuden,
Allen Munterkeit
und Scherz,
Wenig Edlen deine
Leiden,
Auserwählten nur
dein Herz!

J.G. von SALIS - SEEWIS

Die Liebe, wenn sie neu, braust wie ein junger Wein:
Je mehr sie alt und klar, je stiller wird sie sein.

ANGELUS SILESIUS

ES GIBT NUR EINE
HILFE GEGEN DIE
EINSAMKEIT, DAS
IST DIE LIEBE,
SIE DRINGT DURCH
ALLE WÄNDE UND
ERREICHT DAS EIN-
SAMSTE HERZ,
WENN ES SICH
ÖFFNET.

REINHOLD SCHNEIDER

Denke ich an die hellsten und
an die schwärzesten Stunden
in meinem Leben und im Leben
derer, die mir nahestanden, so
ist die Freundschaft wie ein
festes, sichtbarliches, unzer-
reissbares Band hindurchge-
schlungen. In den guten Zeiten
war sie eine Steigerung im
gegenseitigen Geben und
Empfangen. In der Zeit der
Not wurde sie zu einem
Anker, dem letzten, an den
man sich hielt, zur Lotsen-
schaft, manchmal zum
Rettungsring.

CARL ZUCKMAYER

Kleine Geschenke von bleibendem Wert, mit denen Sie Freude bereiten. In gleicher Austattung sind erschienen:

Quellen östlicher Weisheit Gedanken und Blumen
Quellen der Zuversicht von Epikur bis Franz Werfel
Quellen indischer Weisheit Gedanken und Blumen
Quellen griechischer Weisheit
Quellen römischer Weisheit
Quellen der Zuneigung Worte der Freundschaft und Liebe
Quellen persischer Weisheit
Quellen des Optimismus von Dickens bis Leo Tolstoi
Quellen jüdischer Weisheit
Quellen der Zärtlichkeit Gedanken und Gedichte der Liebe
Quellen heiterer Tierweisheit von Geibel bis Ringelnatz
Quellen chinesischer Weisheit
Quellen des Vertrauens
Quellen japanischer Weisheit
Quellen der Weinfreuden

Abdrucksrecht mit freundlicher Genehmigung der Verlage:
Sechs Rosenbilder: Lotte Günthart, Regensberg-Zürich
Textillustrationen: Scherenschnitte: Dr. Gisela Halbach-Keup, München.
Max Frisch, aus Tagebuch 1946-49, Suhrkamp Verlag, Frankfurt. Carl J. Burckhardt, aus Briefwechsel mit Hugo von Hofmannsthal. Carl Zuckmayer, aus Als wär's ein Stück von mir, bei S. Fischer Verlag, Frankfurt.

Textwahl: E. Hettinger — Gestaltung: J. Tannheimer

Printed in Switzerland Modèle déposé, BIRPI
Auslieferung Deutschland: B. Biersack KG D-775 Konstanz
Auslieferung Österreich: Herold-Verlag A-1071 Wien
ISBN 3-85788-042-2